Quod apostolici muneris

Encíclica contra el socialismo, el comunismo y el nihilismo

Papa LEÓN XIII

Quod apostolici muneris

Encíclica contra el socialismo, el comunismo y el nihilismo

San Lino Libros

1.ª edición: julio de 2023
©  San Lino Libros
Traducción: R. F. Benet

ISBN: 979–8399–793–88–7
Impreso en la Unión Europea

Impresión, venta y distribución: Amazon Media EU S.à r.l.

✠

Leo PP. XIII

A los Patriarcas, Primados, Arzobispos, y Obispos del mundo Católico en Gracia y Comunión con la Sede Apostólica.

Papa León XIII

*Venerables Hermanos,
Salud y Bendición Apostólica.*

1. Nuestro apostólico cargo ya desde el principio de Nuestro pontificado Nos movió, Venerables Hermanos, a no dejar de indicaros, en las Cartas Encíclicas a vosotros dirigidas, la mortal pestilencia que serpentea por las más íntimas entrañas de la sociedad humana y la conduce al peligro extremo de ruina; al mismo tiempo hemos mostrado también los remedios más eficaces para que le fuera devuelta la salud y pudiera escapar de los gravísimos peligros que la

amenazan. Pero aquellos males que entonces deplorábamos hasta tal punto han crecido en tan breve tiempo, que otra vez Nos vemos obligados a dirigiros la palabra, como si en Nuestros oídos resonasen las del Profeta: «Levanta tu voz, no te detengas; hazla resonar como la trompeta» (Isaías 58, 1).

LOS NUEVOS ERRORES

2. Es fácil comprender, Venerables Hermanos, que Nos hablamos de aquella secta de hombres que, bajo diversos y casi bárbaros nombres de socialistas, comunistas o nihilistas, esparcidos por todo el orbe, y estrechamente coligados entre sí por inicua federación, ya no buscan su defensa en las tinieblas de sus ocultas reuniones, sino que, saliendo a pública luz, confiados y a cara descubierta, se empeñan en llevar a cabo el plan, que tiempo ha concibieron, de trastornar los fundamentos de toda sociedad civil. Estos son ciertamente los que, según atestiguan las divinas páginas, «mancillan la carne, desprecian la dominación y blasfeman de la majestad» (Carta de San Judas, v. 8).

3. Nada dejan intacto e íntegro de lo que por las leyes humanas y divinas está sabiamente determinado para la seguridad y decoro de la vida. A los poderes superiores —a los cuales, según el Apóstol, toda alma ha de estar sujeta,

porque del mismo Dios reciben el derecho de mandar– les niegan la obediencia, y andan predicando la perfecta igualdad de todos los hombres en derechos y deberes. Deshonran la unión natural del hombre y de la mujer, que aun las naciones bárbaras respetan; y debilitan y hasta entregan a la liviandad este vínculo, con el cual se mantiene principalmente la sociedad doméstica.

4. Atraídos, finalmente, por la codicia de los bienes terrenales, que es la raíz de todos los males, y que, apeteciéndola, muchos erraron en la fe (1.ª Timoteo 6, 10), impugnan el derecho de propiedad sancionado por la ley natural, y por un enorme atentado, dándose aire de atender a las necesidades y proveer a los deseos de todos los hombres, trabajan por arrebatar y hacer común cuanto se ha adquirido a título de legítima herencia, o con el trabajo del ingenio y de las manos, o con la sobriedad de la vida.

5. Y estas monstruosas opiniones publican en sus reuniones, persuaden con sus folletos y esparcen al público en

una nube de diarios. Por lo cual la venerable majestad e imperio de los reyes ha llegado a ser objeto de odio tan grande por parte del pueblo sedicioso, que sacrílegos traidores, no pudiendo sufrir freno alguno, más de una vez y en breve tiempo han vuelto sus armas con impío atrevimiento contra los mismos príncipes.

Causa primera de los males: el alejamiento de Dios

6. Mas esta osadía de tan pérfidos hombres, que amenaza de día en día con las más graves ruinas a la sociedad, y que trae todos los ánimos en congojoso temblor, toma su causa y origen de las venenosas doctrinas que, difundidas entre los pueblos como viciosas semillas de tiempos anteriores, han dado a su tiempo tan pestilenciales frutos.

7. Pues bien sabéis, Venerables Hermanos, que la cruda guerra que se abrió contra la fe católica ya desde el siglo decimosexto por los Novadores, y que ha venido creciendo hasta el presente, se encamina a que, desechando toda revelación y todo orden sobrenatural, se abriese la puerta a los inventos, o más bien delirios de la sola razón. Semejante error, que vanamente toma de la razón su nombre, al intensificar y agudizar el innato apetito de sobresalir, desatando el freno a toda clase de codicia, sin dificultad se ha introducido no sólo en las mentes de

muchísimos, sino que ha invadido ya plenamente toda la sociedad.

8. De aquí que, con una nueva impiedad, desconocida hasta de los mismos gentiles, se han constituido los Estados sin tener en cuenta alguna a Dios ni el orden por Él establecido. Se ha vociferado que la autoridad pública no recibe de Dios ni el principio, ni la majestad, ni la fuerza del mando, sino más bien de la masa del pueblo, que, juzgándose libre de toda sanción divina, sólo ha permitido someterse a aquellas leyes que ella misma se diese a su antojo. Impugnadas y desechadas las verdades sobrenaturales de la fe como enemigas de la razón, el mismo Autor y Redentor del género humano es desterrado, insensiblemente y poco a poco, de las Universidades, Institutos y Escuelas y de todo el conjunto público de la vida humana.

9. Entregados al olvido los premios y penas de la vida futura y eterna, el ansia ardiente de felicidad queda limitada al tiempo de la vida presente. Diseminadas

por doquier estas doctrinas, introducida
entre todos esta tan grande licencia de
pensar y obrar, no es de admirar que los
hombres de las clases bajas, a los que
cansa su pobre casa o la fábrica, ansíen
lanzarse sobre las moradas y fortunas de
los más ricos; ni tampoco admira que ya
no exista tranquilidad alguna en la vida
pública o privada, y que la humanidad
parezca haber llegado ya casi a su última
ruina.

Sociedades secretas; filosofismo, socialismo; otros errores

10. Mas los Pastores de la Iglesia, a quienes compete el cargo de resguardar la grey del Señor de las asechanzas de los enemigos, procuraron conjurar a su tiempo el peligro y proveer a la salud eterna de los fieles. Así que empezaron a formarse las sociedades clandestinas en cuyo seno se fomentaban ya entonces las semillas de los errores que hemos mencionado, los Romanos Pontífices Clemente XII y Benedicto XIV no omitieron el descubrir los impíos proyectos de estas sectas y avisar a los fieles de todo el orbe la ruina que en la oscuridad se aparejaba.

11. Pero después que aquellos que se gloriaban con el nombre de filósofos atribuyeron al hombre cierta desenfrenada libertad, y se empezó a formar y sancionar un derecho nuevo, como dicen, contra la ley natural y divina, el Papa Pío VI, de f. m., mostró al punto la perversa índole y falsedad de aquellas doctrinas en públicos

documentos, y al propio tiempo con una previsión apostólica anunció las ruinas a que iba a ser conducido miserablemente el pueblo. Mas, sin embargo de esto, no habiéndose precavido por ningún medio eficaz para que tan depravados dogmas no se infiltrasen de día en día en las mentes de los pueblos y para que no viniesen a ser máximas públicamente aceptadas de gobernación, Pío VII y León XII condenaron con anatemas las sectas ocultas y amonestaron otra vez a la sociedad del peligro que por ellas le amenazaba.

12. A todos, finalmente, es manifiesto con cuán graves palabras y cuánta firmeza y constancia de ánimo Nuestro glorioso predecesor Pío IX, de f. m., ha combatido, ya en diversas alocuciones tenidas, ya en encíclicas dadas a los Obispos de todo el orbe, contra los inicuos intentos de las sectas, y señaladamente contra la peste del socialismo, que ya estaba naciendo de ellas.

13. Muy de lamentar es el que quienes tienen encomendado el cuidado del bien

común, rodeados de las astucias de hombres malvados, y atemorizados por sus amenaza, hayan mirado siempre a la Iglesia con ánimo suspicaz, y aun torcido, no comprendiendo que los conatos de las sectas serían vanos si la doctrina de la Iglesia católica y la autoridad de los Romanos Pontífices hubiese permanecido siempre en el debido honor, tanto entre los príncipes como entre los pueblos. Porque la Iglesia de Dios vivo, que es columna y fundamento de la verdad (1.ª Timoteo 3, 15), enseña aquellas doctrinas y preceptos con que se atiende de modo conveniente al bienestar y vida tranquila de la sociedad y se arranca de raíz la planta siniestra del socialismo.

DOCTRINA CATÓLICA - SOCIALISMO

14. Empero, aunque los socialistas, abusando del mismo Evangelio para engañar más fácilmente a incautos, acostumbran a forzarlo adaptándolo a sus intenciones, con todo hay tan grande diferencia entre sus perversos dogmas y la purísima doctrina de Cristo, que no puede ser mayor. Porque «¿qué participación puede haber de la justicia con la iniquidad, o qué consorcio de la luz con las tinieblas» (2.ª Corintios 6, 14). Ellos seguramente no cesan de vociferar, como hemos insinuado, que todos los hombres son entre sí por naturaleza iguales; y, por lo tanto, sostienen que ni se debe honor y reverencia a la majestad, ni a las leyes, a no ser acaso a las sancionadas por ellos a su arbitrio.

15. Por lo contrario, según las enseñanzas evangélicas, la igualdad de los hombres consiste en que todos, por haberles cabido en suerte la misma naturaleza, son llamados a la misma altísima dignidad de hijos de Dios, y al

mismo tiempo en que, decretado para todos un mismo fin, cada uno ha de ser juzgado según la misma ley para conseguir, conforme a sus méritos, o el castigo o la recompensa. Pero la desigualdad del derecho y del poder se derivan del mismo Autor de la naturaleza, del cual toma su nombre toda paternidad en el cielo y en la tierra (Efesios 3, 15).

16. Mas los lazos de los príncipes y súbditos de tal manera se estrechan con sus mutuas obligaciones y derechos, según la doctrina y preceptos católicos, que templan la ambición de mandar, por un lado, y por otro la razón de obedecer se hace fácil, firme y nobilísima.

El "poder": doctrina católica

17. La verdad es que la Iglesia inculca constantemente a la muchedumbre de los súbditos este precepto del Apóstol: No hay potestad sino de Dios; y las que hay, de Dios vienen ordenadas; y así, quien resiste a la potestad, resiste a la ordenación de Dios; mas los que resisten, ellos mismos se atraen la condenación. Y en otra parte nos manda que la necesidad de la sumisión sea no por temor a la ira, sino también por razón de la conciencia; y que paguemos a todos lo que es debido: a quien tributo, tributo; a quien contribución, contribución; a quien temor, temor; a quien honor, honor (Romanos 13, 1-7). Porque, a la verdad, el que creó y gobierna todas las cosas dispuso, con su próvida sabiduría, que las cosas ínfimas a través de las intermedias, y las intermedias a través de las superiores, lleguen todas a sus fines respectivos.

18. Así, pues, como en el mismo reino de los cielos quiso que los coros de los ángeles fuesen distintos y unos

sometidos a otros; así como también en la Iglesia instituyó varios grados de órdenes y diversidad de oficios, para que no todos fuesen apóstoles, no todos pastores, no todos doctores (2.ª Corintios 12, 27), así también determinó que en la sociedad civil hubiese varios órdenes, diversos en dignidad, derechos y potestad, es a saber, para que los ciudadanos, así como la Iglesia, fuesen un solo cuerpo, compuesto de muchos miembros, unos más nobles que otros, pero todos necesarios entre sí y solícitos del bien común.

19. Y para que los gobernantes de los pueblos usasen de la potestad que les fue concedida para edificación y no para destrucción, la Iglesia de Cristo oportunamente amonesta también a los príncipes con la severidad del supremo juicio que les amenaza; y tomando las palabras de la divina Sabiduría, en nombre de Dios clama a todos: «Prestad oído, vosotros, los que domináis la muchedumbre y os jactáis de mandar turbas de pueblos: el Señor os ha dado el poderío; y las manos del Altísimo, el imperio. El hará inquisición de vuestras

obras y escudriñará vuestros designios...,
porque severo juicio se hará de los que
están en alto, pues no se encogerá ante
nadie el Señor de todos, ni se intimidará
ante grandeza alguna, porque Él ha
hecho al pequeño y al grande, y con igual
desvelo atiende a todos. Pero a los
mayores, espera suplicio mayor»
(Sabiduría 6, 3 ss).

20. Y si alguna vez sucede que los
príncipes ejercen su potestad
temerariamente y fuera de sus límites, la
doctrina de la Iglesia católica no
consiente sublevarse particularmente y a
capricho contra ellos, no sea que la
tranquilidad del orden sea más y más
perturbada, o que la sociedad reciba de
ahí mayor detrimento; y si la cosa llegase
al punto de no vislumbrarse otra
esperanza de salud, enseña que el
remedio se ha de acelerar con los méritos
de la cristiana paciencia y las fervientes
súplicas a Dios.

21. Pero si los mandatos de los
legisladores y príncipes sancionasen o
mandasen algo que contradiga a la ley

divina o natural, la dignidad y obligación del nombre cristiano y el sentir del Apóstol, exigen que se ha de obedecer a Dios antes que a los hombres (Actos 5, 29).

La familia cristiana

22. Por lo tanto, la virtud saludable de la Iglesia que redunda en el régimen más ordenado y en la conservación de la sociedad civil, la siente y experimenta necesariamente también la misma sociedad doméstica, que es el principio de toda sociedad y de todo reino. Porque sabéis, Venerables Hermanos, que la recta forma de esta sociedad, según la misma necesidad del derecho natural, se apoya primariamente en la unión indisoluble del varón y de la mujer, y se complementa en las obligaciones y mutuos derechos entre padres e hijos, amos y criados. Sabéis también que por los principios del socialismo esta sociedad casi se disuelve, puesto que, perdida la firmeza que obtiene del matrimonio religioso, es preciso que se relaje la potestad del padre hacia la prole, y los deberes de la prole hacia los padres.

23. Por lo contrario, el matrimonio digno de ser por todo tan honroso (Hebreos 13, 4), y que en el principio mismo del mundo instituyó Dios mismo para

propagar y conservar la especie humana, y decretó fuese inseparable, enseña la Iglesia que resultó más firme y más sagrado por medio de Cristo, que le confirió la dignidad de sacramento y quiso que representase la forma de su unión con la Iglesia.

24. Por lo tanto, según advertencia del Apóstol (Efesios 5, 23), como Cristo es Cabeza de la Iglesia, así el varón es cabeza de la mujer; y como la Iglesia está sujeta a Cristo, que la estrecha con castísimo y perpetuo amor, así enseña que las mujeres estén sujetas a sus maridos y que éstos a su vez las deban amar con afecto fiel y constante.

25. De la misma manera la Iglesia establece la naturaleza de la potestad paterna y dominical, de suerte que pueda contener a los hijos y a los criados en su deber, pero sin por ello salirse de sus justos límites. Porque, según las enseñanzas católicas, la autoridad del Padre y Señor celestial se extiende a los padres y a los amos; y por ello dicha autoridad toma de Él necesariamente, no

sólo su origen y su eficacia, sino también su naturaleza y su carácter. Y así el Apóstol exhorta a los hijos a obedecer a sus padres en el Señor y honrar a su padre y a su madre, que es el primer mandamiento en la promesa (Ibid. 6, 1-2). Y también manda a los padres: «Y vosotros no queráis provocar a ira a vuestros hijos, sino educadlos en la ciencia y conocimiento del Señor» (Ibid. 6, 4).

26. También a los siervos y señores se les propone, por medio de mismo Apóstol, el precepto divino de que aquéllos obedezcan a sus señores carnales como a Cristo, sirviéndoles con buena voluntad como al Señor; mas a éstos, que omitan las amenazas, sabiendo que el Señor de todos está en los cielos y que no hay acepción de personas ante Dios (Ibid. 6, 5-7).

27. Todas las cuales cosas, si se guardasen con todo cuidado, según el beneplácito de la voluntad divina, por todos aquellos a quienes tocan, seguramente cada familia representaría

la imagen del cielo, y los preclaros beneficios que de aquí se seguirían, no estarían encerrados entre las paredes domésticas, sino que emanarían abundantemente a las mismas repúblicas.

Derecho de propiedad

28. La prudencia católica bien apoyada sobre los preceptos de la ley divina y natural, provee con singular acierto a la tranquilidad pública y doméstica por las ideas que adopta y enseña respecto al derecho de propiedad y a la división de los bienes necesarios o útiles en la vida. Porque mientras los socialistas, presentando el derecho de propiedad como invención humana contraria a la igualdad natural entre los hombres; mientras, proclamando la comunidad de bienes, declaran que no puede conllevarse con paciencia la pobreza, y que impunemente se puede violar la posesión y derechos de los ricos, la Iglesia reconoce mucho más sabia y útilmente que la desigualdad existe entre los hombres, naturalmente desemejantes por las fuerzas del cuerpo y del espíritu, y que esta desigualdad existe también en la posesión de los bienes; por lo cual manda, además, que el derecho de propiedad y de dominio, procedente de la naturaleza misma, se mantenga intacto e inviolado en las manos de quien lo posee,

porque sabe que el robo y la rapiña han sido condenados en la ley natural por Dios, autor y guardián de todo derecho; hasta tal punto, que no es lícito ni aun desear los bienes ajenos, y que los ladrones, lo mismo que los adúlteros y los adoradores de los ídolos, están excluidos del reino de los cielos.

29. No por eso, sin embargo, olvida la causa de los pobres, ni sucede que la piadosa Madre descuide el proveer a las necesidades de éstos, sino que, por lo contrario, los estrecha en su seno con maternal afecto, y, teniendo en cuenta que representa a la persona de Cristo, el cual recibe como hecho a sí mismo el beneficio hecho por cualquiera al último de los pobres, les honra grandemente y les alivia por todos los medios, levanta por todas partes casas y hospicios, donde son recogidos, alimentados y cuidados; asilos, que toma bajo su tutela.

30. Obliga a los ricos con el grave precepto de que den lo superfluo a los pobres, y les amenaza con el juicio divino, que les condenará a eterno suplicio, si no

alivian las necesidades de los indigentes. Ella, en fin, eleva y consuela el espíritu de los pobres, ora proponiéndoles el ejemplo de Jesucristo, que, siendo rico, se hizo pobre por nosotros (2.ª Corintios 8, 9), ora recordándoles las palabras con que los declaró bienaventurados, prometiéndoles la eterna felicidad.

31. ¿Quién no ve cómo aquí está el mejor medio de arreglar el antiguo conflicto surgido entre los pobres y los ricos? Porque, como lo demuestra la evidencia de las cosas y de los hechos, si este medio es desconocido o relegado, sucede forzosamente que, o se verá reducida la mayor parte del género humano a la vil condición de esclavos, como en otro tiempo sucedió entre los paganos, o la sociedad humana se verá envuelta por continuas agitaciones, devorada por rapiñas y asesinatos, como deploramos haber acontecido en tiempos muy cercanos.

La religión, y los gobernantes

32. Por lo cual, Venerables Hermanos, Nos, a quien actualmente está confiado el gobierno de toda la Iglesia, así como desde el principio de Nuestro pontificado mostramos a los pueblos y a los príncipes, combatidos por fiera tempestad, el puerto donde pudieran refugiarse con seguridad; así ahora, conmovidos por el extremo peligro que les amenaza, de nuevo les dirigimos la apostólica voz, y en nombre de su propia salvación y de la del Estado les rogamos con la mayor instancia que acojan y escuchen como Maestra a la Iglesia, a la que se debe la pública prosperidad de las naciones, y se persuadan de que las bases de la Religión y del imperio se hallan tan estrechamente unidas, que cuanto pierde aquella, otro tanto se disminuye el respeto de los súbditos a la majestad del mando, y que conociendo, además, que la Iglesia de Cristo posee más medios para combatir la peste del socialismo que todas las leyes humanas, las órdenes de los magistrados y las armas de los soldados, devuelvan a la

Iglesia su condición y libertad, para que pueda eficazmente desplegar su benéfico influjo en favor de la sociedad humana.

Sociedades obreras

33. Y vosotros, Venerables Hermanos, que conocéis bien el origen y la naturaleza de tan inminente desventura, poned todas vuestras fuerzas para que la doctrina católica llegue al ánimo de todos y penetre en su fondo.

Procurad que desde la misma infancia se habitúen a amar a Dios con filial ternura, reverenciando a su Majestad; que presten obediencia a la autoridad de los príncipes y de las leyes; que refrenada la concupiscencia, acaten y defiendan con solicitud el orden establecido por Dios en la sociedad civil y en la doméstica.

34. Poned, además, sumo cuidado en que los hijos de la Iglesia Católica no den su nombre ni hagan favor ninguno a la detestable secta; antes al contrario, con egregias acciones y con actitud siempre digna y laudable hagan comprender cuán próspera y feliz sería la sociedad si en todas sus clases resplandecieran las obras virtuosas y santas.

35. Por último, así como los secuaces del socialismo se reclutan principalmente entre los proletarios y los obreros, los cuales, cobrando horror al trabajo, se dejan fácilmente arrastrar por el cebo de la esperanza y de las promesas de los bienes ajenos, así es oportuno favorecer las asociaciones de artesanos y obreros que, colocados bajo la tutela de la Religión, se habitúen a contentarse con su suerte, a soportar meritoriamente los trabajos y a llevar siempre una vida apacible y tranquila.

36. Dios piadoso, a quien debemos referir el principio y el fin de todo bien, secunde Nuestras empresas y las vuestras. Por lo demás, la misma solemnidad de estos días, en los que se celebra el nacimiento del Señor, Nos eleva a la esperanza de oportunísimo auxilio, pues Nos hace esperar aquella saludable restauración que al nacer trajo para el mundo corrompido y casi conducido al abismo por todos los males, y nos prometió también a nosotros aquella paz que entonces, por medio de los ángeles, hizo anunciar para los hombres. «Ni la mano

del Señor está abreviada de suerte que no pueda salvar, ni sus oídos se han cerrado de tal modo que no puedan oír» (Isaías 59, 1).

Por lo tanto en estos días de tanta alegría, y al desearos, Venerables Hermanos, a vosotros y a los fieles todos de vuestra Iglesia, toda clase de prosperidades, con instancia rogamos al Dador de todo bien que de nuevo aparezcan a los hombres la benignidad y la dulzura de Dios, Nuestro Salvador (Tito 3, 4), que, sacándonos de la potestad de nuestro implacable enemigo, nos elevó a la nobilísima dignidad de Hijos suyos.

37. Y para que Nuestros deseos se cumplan perfecta y rápidamente, elevado vosotros también, Venerables Hermanos, con Nos, fervorosas oraciones al Señor, y junto a El interponed el patrocinio de la bienaventurada Virgen María, Inmaculada desde el principio; de su esposo San José y de los bienaventurados Apóstoles Pedro y Pablo, en cuya intercesión ponemos Nos la máxima confianza. Y entre tanto, como prenda de

la divina gracia, y con todo el afecto del
corazón, a vosotros, Venerables
Hermanos; a vuestro Clero y a todos
vuestros pueblos, concedemos en el Señor
la Bendición Apostólica.

Dado en Roma, junto a San Pedro,
a 28 de Diciembre de 1878,
año primero de Nuestro Pontificado.

LEÓN PP. XIII.

Otras publicaciones de

San Lino Libros

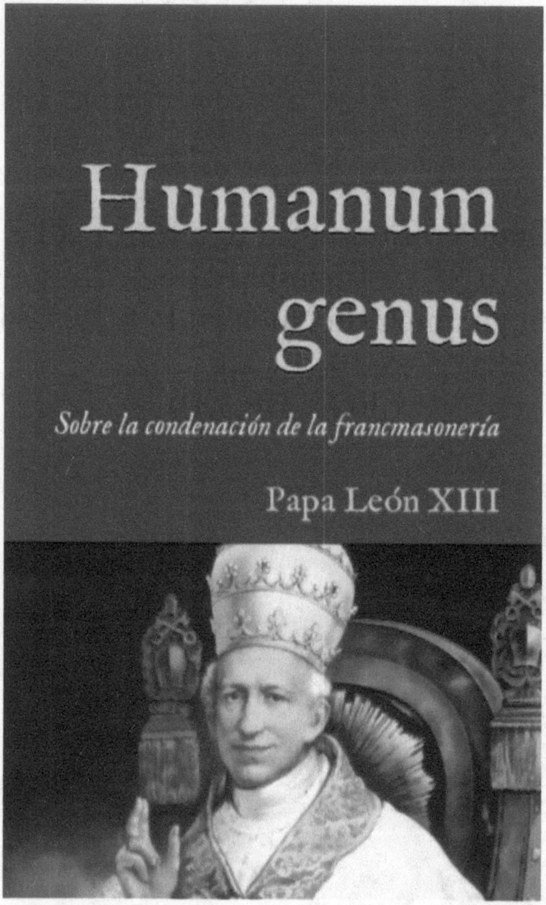

Esta primera edición
de

Quod apostolici muneris
Encíclica contra el socialismo,
el comunismo y el nihilismo

se da a la imprenta
el 15 de julio de 2023,
festividad de
Santa Micaela.

LAUS DEO